JN439774

조용범 시집

후회는 먼저 오지 않는다

국립중앙도서관 출판예정도서목록(CIP)

후회는 먼저 오지 않는다 : 조용범 시집 / 지은이: 조용범.
-- 부산 : 푸름사, 2015
p. ; cm

ISBN 978-89-94839-11-0 03810 : ₩10000

한국 현대시[韓國現代詩]

811.7-KDC6
895.715-DDC23 CIP2015007103

후회는 먼저 오지 않는다

·

2015

조용범 시집

후회는 먼저 오지 않는다

도서출판 푸름사

자서 自序

살아가면서 무언가 하고 싶을 때가 있다.

그런데 하지 못하고 지날 때는 아쉬움이 쌓이게 되고 늘 그때 했어야 할 걸하고 후회하게 마련이지만 지난 것은 되돌릴 수 없는 것이다. 언제나 지금이 가장 중요하다는 것을 느끼지만 적기에 실행하기란 여간 힘든 게 아니다.

아무리 물질적으로 풍요롭게 즐겁게 살아간다 해도 인간의 본질적인 삶의 의미인 하고자 하는 내면을 무시한다면 미래를 향한 꿈과 진실한 행복은 없을 것이다. 아직도 많이 부족하고 부끄럽지만 두 번째 시집을 상재해 본다.

마음에 담고 있는 생각을 온전하게 풀어내지 못함은 아직도 성숙하지 못한 문학의 깊이 때문일 것이다. 더욱 발전된 모습으로 나만의 길을 꾸준히 걸어갈 수 있도록 많은 격려와 지도를 바란다.

2015년 봄

저자 조 용 범

차례

제2부 나이를 더듬을 때

제3부 후회는 먼저 오지 않는다

제4부 고향을 지나며

제5부 비오는 간이역

제 1 부

기다리는 마음

우리의 뒷모습

하루를 마감한 지친 하오
낯선 곳 낯선 시각을 두루 살피며
온전한 하루를 위하여
간곡한 삶을 구원한 자들이
시간을 역류하며 어설프게 자기를 이끌며
앞만 바라보고 가는 잉여시간
감출 수 없는 자기의 흔적을 고스란히 남기며
허전한 하루의 변명을 짐지고 간다

마치 뒷짐을 지어보면
등 뒤가 궁금하듯이
앞서는 것만 보이는 지금
긍휼이 그 해답을 얻고자 뒤돌아보면
긴 그림자로 환생되는 고단한 하루가 뒤따를 뿐
긴장과 압박으로 보낸 하루가 너무 서럽다
앞뒤를 동시에 볼 수 없다는 것은
얼마나 큰 행복인가

기다리는 마음

언제나 목적이 있는 희망은
아름다운 인생이네
흐르는 세월을 묶어두고
혹은 안절부절하는 삶을 제쳐두고
기다림이 있다는 것은
참으로 행복한 것이네
서둘러 완성해야 하는 한많은 사연도
빨리 매듭지어야 할 관계로
숨 가쁘기만한 세상사로
마음 졸이기도 하지만
가끔은 생각할 여지도 남겨두고
느긋한 마음으로 돌아가기도 하고
때로는 흔적과 자취도 남겨보세
정녕 기다린다는 것은
참으로 아름다운 것이네

균형 잡기

우리의 삶은 늘 중심 잡기에서
모범답안을 가진다

좌우의 균형과
왼손과 오른손의 역할
그리고 너와 나의 소모적인 논쟁도
위아래의 질서도
언제나 균형에서 마무리된다

오감이 가지는 편안함으로
오늘을 이룩하는 내 안의 평형
하루를 온전히 갈무리하는 것이
건강지킴이의 으뜸인 것을

하루의 균형은
우선 나를 비우는 습관으로부터 온다

강과 바다

물들은 물들과 어울려 산다

고요히 일렁이는 강물
후드득 한꺼번에 떨어지는 빗물들
한가득 시야에 넘쳐나는 바닷물

모여 있는 물들이나
한없이 자기를 열중하며 흘러가는 물들이나
현재를 잊고 마중물이 되는 물의 물처럼
모두는 긴 여로로
강과 바다로 가는
현재진행형이다

형태나 모양이나 발원지가 다른 물들이
세상의 온갖 말없음을 포용하며
언젠가 바다에서 하나가 되는 물들이
지금 긴 세월이야기로 어울려
자신의 흔적과 자취를
차례로 지우고 있다

과대망상

꽃들의 물결 꽃보라로
온 하늘과 땅 사이가 뽀얗다

수천 마리의 백학들의 춤사위 같은
하얀 꽃들의 무리
모양과 형체를 이루고난 절정 이후
이제 곧 슬픈 고독과 함께 하리라

촘촘한 사랑 꽃잎 되어
지천에 가득하지만
겨우 한 시절 지나고
이내 와르르 쏟아지는 꽃들의 비명

한 시절 사랑 얘기로
시방 꽃비 되어 떨어지는
헛된 망상 헛된 꿈
꽃보라의 절멸

계절의 변화

밤새 오던 봄비 맞으며
생기 돋는 새싹들
아침 안개 살며시 밀어내며
저마다 발돋움이 한창이네
여린 순들 서둘러 지표를 뚫고
자기 이름 먼저 새겨보는 새 아침
모든 것은 처음의 시작처럼 반짝이고
더러는 봉오리마다 맺은
앙증맞은 꽃잎들
일찍 온 봄날의 활력소가 되어
꽃비를 반기는 훈훈한 봄날에
아지랑이로 오는 설렘처럼
오늘 내 마음 안에 향수로 깃들다

철길

두 갈래 길은 언제 만날까
영원히 옆으로 나란히로 가는 수줍음
그렇게만 서로 손 내밀고
신나게 달려온 한세상

나란히 가는 길이 더욱 정겨워
하나가 되기 위한 몸부림으로
오늘도 마주 보며 달리는구나

그리워하는 만큼
처절히 바퀴를 돌리며
앞서거니 뒤서거니
오매불망 서로의 이름을 불러보며
살아온 긴 역사
아스라한 지평선너머
누군가 만날 오래된 기약같이

하나의 일치로 가는
저 아슬아슬한 몸부림

오월 장미

새빨간 립스틱으로
온몸을 장식한
저 요염한 눈부심

여름내내
울타리 칭칭 감고
작열하는 태양 아래
넘쳐나는 정열로
빨강 속살 드러내며
스스로를 불태우는
저 요기 같은 자태

오늘을 유혹하는
날카로운 가시로 무장한
기세등등한 꽃 중의 왕
오월의 여왕이시여

을숙도

갈숲 사이로 어울린 하구언을 배경으로
이름 모를 철새들이
일제히 비상하는 한나절

잔물결 아래로 치어들은
땡볕에 그저 한가롭기만 한데

머나먼 낙동강을 달려온 강물들
통통배 하나와 동무하며
그림처럼 어울리는 을숙도

삶의 지킴이요
뭇생명의 터전이요 젖줄인 이곳

오늘도 철새들 무리
머나먼 이국의 지평을
풍경으로 지키다

아쉬움

그리움과 헤어짐 뒤에 남는
긴- 아쉬움
만나고 떠남은 언제나
숙명처럼 오는 관계인데
왠지 마음 더욱 서러운 날
자유로 하늘과 땅의 경계를 넘나드는
새들이 한없이 부럽구나

이리도 마음 아려오는
가슴 설레는 그리움
켜켜이 쌓여가는 적요한 가을밤

너의 마음 안에
내 정신을 놓고도
꺼이꺼이 울고 싶은
이리도 비정한 밤

등나무

이글거리는 햇살 아래
멀리 뻗어나간 그의 수족들을 챙기며
무수한 사람들의 사랑을 받는 그늘막
싱그런 매미의 노랫소리 곁으로
산들바람으로
더욱 가벼워지는 몸

비틀비틀 꼬인 한 세상의
나이테를 간직한 등나무 그늘
얽히고설킨 세월처럼

오늘 더위를 식혀주는
여러 길손들의 칭송으로
무성한 잎푸른 줄기들로
온 하늘을 무찌르다

가을향香

어느덧 창살에 스며드는
서늘한 가을바람따라
이따금 국화향 스치는
풍요로운 결실의 계절

먼 산능선들 서둘러
홍엽으로 물들고
황금벌판의 허수아비들
저 홀로 오수에 드는데
언덕배기의 왕감나무에
주렁주렁 매달린 감들 바라보는
농부들의 여유가
풍요로움으로 오는 시절

새들 서둘러 둥지를 찾는
해 저물녘
악보 없이 가을을 열연하는
섬돌 밑 귀뚜라미들의 울음으로
가을은 그렇게 가데

폭포수

내리꽂히는 폭포수의 물줄기
얼음장처럼 차가운데
사나운 폭음으로
먼 데서 달려온 우람한 저물길
한꺼번에 분노를 분출하듯
아래로 아래로 곤두박질치며
온갖 풍상으로 이력이 난
저- 물결의 굉음 어쩔거나

흐르고 흘러서 언젠가는
바다로 갈 운명의
저 우렁찬 함성
온 계곡을 침노하는 물줄기들
오늘을 다시는 말하지 않는
저 소리들의 파장
능선으로 능선으로 메아리지는
한나절

고향

어디에선가
온전한 삶의 터전 내려놓아도
언젠가는 돌아가리
함안 운곡리 그곳
봄이면 두견화 울긋불긋
사철 산내음 정겨운 그곳
해거름의 하얀 연기의
토담길 돌아간 골목의 안쪽
철부지때 뛰놀던 그 자리
안온스런 보금자리

이른 아침이면 도랑에 나가
소꼴 먹이며 이슬 맞던 그곳
화롯가 군고구마 호호 불며
옛 얘기 무르익던
해질녘 여우 우는 산골
그때 그 시절의 노스탤지어-
그렇게 반세기 지났어도
지금도 꿈에 보이는 고향 산천
언젠가 돌아가리
함안 운곡리 내 고향 그곳

해돋이

이 아침 갈매기들 한바다의 둘레로
원형을 그리누나
현란한 빛들의 줄기들 사이로
맑아오는 저- 빛부심
이 아침 일을 나서는 희망 하나
맹렬한 바람의 기슭처럼
부질없는 인고의 세월 뒤로
꿈속처럼 다가오는데

눈부신 양지의 햇볕처럼
나를 일으키는 갈 하나의 의미는
이 아침 누리에 가득한
빛들의 행렬 따라
어지럽게 부양하는 바닷새들
수평선의 깊은 해돋이로
희망 한아름 간직하며
무리로 무리로 떠나는구나

종소리

꽈–앙하는 굉음 지천을 흔들 때
비로소 종은 아프다
멀리 멀리 간
그의 흔적들과 속셈
귀 열고 담고

깊이 있는 그의 무게
전율처럼 은은히 닿는 시간들
수없이 헤아려보며
삶의 질곡과
어리석던 나의 생각들
크나큰 아픔인 것을
이제야 알겠다

산비탈에 머문 노을 보며
먼 산짐승들 울음소리 곁으로
천년을 지킨 근엄한 부석사
적멸이 예 있더라

제 2 부

나이를 더듬을 때

군자란

청순한 푸르름으로
사시장철 하늘 우러르며
잉태의 순간을 기도한 치성이
어느날 쑤욱 고개 내밀고
꽃순의 지고한 맑음으로 오다

오래도록 마음 비운
깨달음의 세계를 알현하듯
한정 없는 깊이를 가진
꼿꼿한 선비의 자존심
귀태 나는 매무새와 어울려

근처의 모든 것들은
수줍은 배경으로 머물고
은은한 차양에 신비의 촉수를 틔운
무한의 기품
오늘 이승으로 환생하다

인생의 길

무심코 가다 보면 두 갈래로 나뉘는 길
다시 세 갈래에서
문득 하나로 다가서는 길

정작 내 살아온 인생길 같은
그 길에서 나는 오늘도 무료히 서성인다
가는 길이 힘들게 느껴질 때
잘못 선택했나 하는 아쉬움의 길을
되새겨보며

지금 얼마나 달려왔을까
오늘도 한숨지기로 되돌아보는 길
다시는 되돌아갈 수 없는 인생길

언제나 인내하며 고심으로 선택한 길
오늘도 종착지로 무연히 가고 있는 길
뜻이 있는 곳에 길이 있다고 했던가

양지

비탈로 힘겹게 오르는
저 현란한 빛부심

나무들의 시샘을 멀리 하고
손 닿으면 톡 하고 터질세라
꼭꼭 움켜쥔 씨방들
한사코 바람의 눈치로 매달리며
바람결에 우우 몰려다니는 낙엽들
녹음의 그 시절 생각하며
햇볕의 그리움으로 적요에 드는데
이 시각 다시 올 계절을 위해
새 생명 움트는 요람처럼

양지를 기웃거리는 모든 것들
부산하게 비탈로 비탈로 헤매이는구나

나이를 더듬을 때

꿈속처럼 혼돈의 중심을 헤매이고 있을 때
갑작스레 나이를 물으면
새삼스레 나이를 더듬거릴 때가 있다

살아온 날들과 지난날의
주위를 살피며
현재의 나를 계산하며 머뭇거릴 때
문득 굴곡진 인생사 뒤돌아보며
지금의 안쓰러운
나의 허상을 생각해 본다

청운의 꿈으로
목표와 이상을 향해
눈부신 희망으로 살아온 한평생
아직도 그 희망은 아득히 멀기만 한데
왠- 나이라니
꿈속처럼 아득하기만 한 그 물음

담쟁이

가로 세로 수직으로 달리는
무시무시한 암벽을
아찔한 묘기로
점점이 점령하는
처절한 고난의 행군
햇살 뜨거운 양지에서도
사람 안 보는 어둠에서도
촉각을 곤두세우며
한 치 한 뼘 운명처럼
혼신의 힘으로 나아가는 절륜한 힘
기승을 부리는 바람찬 날에도
잎새 진 겨울에도
온몸 내밀어
죽기 살기로 오르는
저 맹렬한 기승

봄편지

황사 가까스로 물러간 뒤
물오른 버들강아지 곁으로
머뭇거리는 아지랑이에
눈길 자주 가는 날
모두가 꽃인 듯 아른거려
당신의 풍미를 보듯 더욱 아름다워
장미가 어여쁘다 한들 견줄 수 있으랴
오오랜 사연 더욱 가슴 아려 오는 날
먼 바다의 물사위도
은빛 파도에
봄소식으로 한결 은은한데
겨우내 갇혀온 속셈
모두 열어놓고
쌓였던 묵은 소식들도
훨훨 날려 보내며
한아름 봄소식으로 그대에게 띄어 보내리

산

늘 눈결 주어도
사철 한결같이 육중한 모습
경건한 자세로 우뚝 선 위용
빼곡한 능선들 거느리고
계곡마다 빼어난 절경으로
억겁의 이름으로 산다
자연과의 교감으로 순리대로
동식물들 제 식구처럼 감싸며
범접하지 못할 지엄한 위엄으로
수억 겁을 지킨
자신의 명패 아래
온 세상을 포용하는
인자한 넉넉함으로
언제 어디서나 내 앞에
교훈처럼 우뚝 서 있는
무한한 자존심

은행잎

진노랑 물결 눈부신 만추
가을 햇살길에
무수한 노랑나비떼들

한 시절 푸르름 잊고
이별 같은 서러운 공포로
바람무리에 우수수 쓸려가네

한 시절 한 생애를 전별하며
온 가로수 길을 점령한
무수한 노랑나비떼들

나무 그늘

나무는 자신을 위해
스스로 그늘을 만들지 않는다

햇볕 뜨거운 한나절
내면으로 울분 삼키며
줄기와 무수한 잎맥으로
그늘을 만들어 보시하는 마음
신분에 구애받지 않고
누구에게나 골고루 나누어주는
묵묵한 자기희생 같은 거

오후의 땡볕 아래
후줄근한 땀으로
한나절을 지키는
동구 밖의 정자나무를 보아라

나무는 자신을 위해
스스로 그늘을 만들지 않는다

일개미

정연한 위치에서
잘 훈련된 병사처럼
무리로 무리로 행렬을 이루며
낙오자 하나 없이
끝없이 이어지는 정돈된 대오
길섶 지나고 풀숲 넘어
힘겹게 바위를 건너고
어디론가 시작도 끝도 없이
한 규율처럼 일사분란한
저 무수한 지느러미들의 행렬
서로가 지휘자처럼
명령 하나로
하나의 우주를 점령하듯
온몸에 감전되듯 전율로 오는
저 신비한 행렬

해안

조밀한 해안가의 새까만 암벽
오늘도 사나운 굉음으로 부딪히는
너울 파도에 속수무책이네

저항 한번 못한
사시장철 두들겨 맞고서도
운명인 양 체념한 채
빙그레 웃고 있는 낭패한 나날들

바닷새 무리져 날으는 피안가
종일 햇무리 닿지 않는 그곳

자연의 순리로 살아온 암벽들
울컥울컥 토하는 물보라 사이로
온몸 던져놓고
한 세월 유람하듯 체념하며
서럽게 서럽게 억겁을 사네

나팔꽃

황금색 꽃잎
당나귀 귀처럼 사방 열어놓고
연신 출렁이는 봄
아래로 아래로 수줍은 꽃잎
활짝 꽃 피웠네

한낮엔 수줍게 오므라든
단정한 매무새로
천사처럼 곱고 어질게
함박웃음으로 아침 맞이하는
분주한 속셈

모두가 작게 여리게 열린
연민의 꽃잎 안에
숨바꼭질로 있는
그윽한 수줍음

해녀

오늘도 강인한 인내를 터전 삼아
하얀 표적 하나 등짐지고
생명을 담보한 채
한 바다로 나아가는 물질로
하루가 더욱 고단한데

불빛 하나 없는 수로를 따라 자맥질하며
바다의 지표를 헤매이며
삶의 젖줄을 광주리에 담아
휘파람으로 물 위에 뜬다

가녀린 여체 위로
무거운 잠수복으로 시퍼런 물속에서
가족의 생계를 짐진
강인한 삶으로 용궁을 드나드는
물속의 거북이

영락공원

통곡과 오열로 모두들 숙연한
영락공원의 화장터

불탄 재에 영혼이라도
혹여 남아 있을까
동아줄 잡고 하늘로 오르는
죽은 자의 넋을 위로하고자 분주한
이승의 사람들이
삶과 죽음의 경계선에서
스스로 자기를 비우며
비명처럼 무연히 서있는 곳

망자의 영혼을 기리며
허수아비처럼 넋을 놓고
서로의 인연을 바라보는
오후 3시의
눈시울이 붉다

동그라미

한 축을 기준으로 종일 맴돌다
어느 순간 360도의 기울기로
제자리로 오는 순간처럼
원형의 본질은 늘 함께 하는 것
사철 꽃 피고지고 새울 듯
그 모습 그대로인데
작년에 긴기아나 향기
코끝에 가득 넘쳤는데
흐드러진 하얀 꽃잎들
세찬 비와 어둠은 아랑곳하지 않는
한결같은 고운 매무새 그대로인데
시계바늘의 자전과 공전의 원리처럼
아직도 준비하지 않았는데도
오늘도 해오름 해지기로
한 이별처럼 먼 세월 향기로 가누나

사람

세상에서 가장 위험한 물건처럼
깨지기 쉬운 유리그릇처럼 불안한
그래서 더욱
자연의 순리로 언어로 조율하며
때로는 스스로를 달래며
자긍심을 가지지만
이내 흩어지는 부끄러움의 수치
서로의 변명 같은 자존심

태고부터 자연 속에 합류하며
순응하며 범은 가죽을 남기는데

일컬어 만물의 영장이라는 사람은
오늘도 날선 공방으로
표독한 앙갚음의 하루살이로
자기 이익만 도모하려
애간장을 태운다

제 3 부

후회는 먼저 오지 않는다

가고픈 마음

햇볕은 적당한 그림자를 내려놓고
갈길 먼 나그네처럼 어서 떠나라 하네

창공에 걸린 몇 점 구름도
산굽이 돌아간 파란 하늘 지켜보며
시간의 여백 사이로
어서 떠나라 하네

가는 님 못내 아쉬워
살며시 손 내밀어 보지만
이미 허공에 닿는 머나먼 그대 소식

허전한 마음속 달래주는
마파람 머무는 한 뼘의 양지 곁
그대 숨결 머무는 곳까지
기어코 어서 떠나라 하네

해질 무렵

산이 저문다
우울처럼 시름 깊은 하루를 내려놓고
이내 어둠 속으로 깊어진다

갈길 먼 둥지를 찾는 새들과
산짐승들의 울음소리
계곡을 깨우치는데
언젠가 내일의 원동력을 길러내는
시간은 그렇게 소용돌이치는데
땅거미 오래 전에 깔린
동구밖 길에도
하루의 일과를 끝낸 농부들
귀가를 서두는데

내일이면
또다시 산 일어날 소리로
우리들 모두 새로운
하루의 역사로 분주하리

후회는 먼저 오지 않는다

말하고 싶을 때가 있다
사랑해-
미안해-
고마워-
그런 말 차마 하지 못하고 지날 때
시간이 가고 세월이 가면
아쉬움만 쌓이게 되고
기회를 놓치면
후회로 오는 못다한 말
그때 했어야 할 걸 하며 아쉬워해도
결코 과거는 되돌릴 수 없는 것
언제나 지금이 가장 중요하다는 걸
인식할 일이다
기회를 실기하면
한평생 후회로 오는
그때 그 시각 했어야 할 그 말

비행기

빈 공간을 칼바람으로 자르며
망망 대공을 무찌르며
물찬 제비처럼
허공을 유린하는 저- 신기

오늘도 우주를 횡단하며
지구 곳곳에
가장 빠른 소식과 희망을 부려놓은
문명의 이기
지친 바람 모진 기온에도
아랑곳하지 않고
우렁찬 굉음으로
시공을 초월하며
새로운 역사를 꿈꾼다

굴곡진 우리의 인생여정처럼
머나먼 항로를 따라
운명처럼 가고오는
지구촌의 신비로운
문명의 이기

낚시꾼

아슬한 바위 틈새를 비집고
겨우 지탱한 몸
종일 눈 뚫어져라 바라봐도
넘실대는 파도뿐
입질하는 고기들 꿈쩍도 않는데

옛 시인들의 말처럼
꾼들은 시간을 낚을까
세월을 낚을까

쌍심지를 돋우고 쳐다봐도
간헐적으로 춤추는 낚싯대에
바람만 얹히는데
용궁의 가족들 다 어디 갔을까

종일 속만 태우다 돌아오는 길
아득한 수평선으로
배 하나 몰입의 경지로 멀어지다

녹옥혼식綠玉婚式

두 손 맞잡고 달려온 반세기 인생길
40주년의 오늘
처음 만나던
그대 맑고 수줍은 모습 생각나네
청운의 꿈으로 겁 모르고 달려온 삶
희망과 뜻으로 극복하려 했지만
즐거운 날보다
서럽고 힘겨운 날들이 더욱 많아
그대 보기 차마 민망스러워
더욱 얼굴 들기 부끄러운 날
오늘은
밤하늘의 수많은 별들 보며
남은 세월 더욱 빛나는 삶
온전히 바라며
그대와 두 손 맞잡고
한 맹세로 새겨보고 싶은 밤

노도섬

살아서 섬에 들어와
죽어서야 섬을 벗어날 수 있다는
서포 김만중의 유배지 노도섬
오늘도 심심한 바위처럼 저 홀로 떠있네

권력을 가둔 절해의 고도
벽항궁촌僻巷窮村
그래도 맑고 지엄한 선비정신으로
후일의 귀감이 되었던 그곳

인고의 한 세월과
절망은 극복하기 힘든 고통이었지만
불굴의 의지로 인내한
인간 승리의 그곳
역사에 길이 빛날
서포 김만중의 섬

송홧가루

조선의 토종 소나무
곡절 많은 세파와
비바람 혹한에도 이유 있는 절개처럼
청순한 푸르름으로
이 강산을 지키누나
먹거리가 부족했던 시절
껍질 벗겨 송진을 식용으로 했던
가난한 시절 생각나네

우리네 강산에 흔하디흔한
송홧가루 날리는 오월이면
씨방 만들어 열매 맺으며
조선의 토종지킴이로 의연한데
결실의 계절 올망졸망한
솔방울 매달릴 때면
어렵사리 살던
그때 그 시절의 선조들 생각이 나네

영도대교

얼마만인가
부산의 명물로서 다시 태어난
영도대교 도개교
억수로 보고 싶은 그리움의 이름
동양 최초의 연륙교로
태어난 지 팔십 여 성상
육이오 동란 당시
실향민의 재회와 아픔을 달래주던 명물
민족상잔의 피눈물의 고통을 간직한 곳
한때 노후와 필요성의 논란으로
폐교되었다가
2013년 11월 27일
오늘 그 거룩한 역사 속에
새로이 탄생하여 해양의 중심인
부산의 지킴이로
세계만방에 이름을 알린
우리 부산의 상징인 영도대교
태평양 한 바다를 지키누나

한우고기

군침이 도는 맛
향기로운 조선의 입맛
어쩌면 신토불이 같은
전국에서 온 맛자랑 별미자랑의
손님들 앞에
암소 한 마리 한 상 가득
서둘러 맞이하는 그곳
인생의 곡절 깊은 삶과
세상살이의 여담과 입담들이
소주잔마다 마음 얼큰하게
소통되는 자리
육즙과 식감이 일품인
토종 한우의 맛자랑에
모두들 십년지기처럼
동지애와 우애로
한마음 한뜻이 되는 날

편지

말 못할 사정을 옮겨 놓고
둘이 하나가 되는 감성

인생의 뒤안길에서
너와 나의 간극 사이를
수평으로 이해시키는 것

온전한 마음 띄워놓고
네 안에 간직한 물음 하나 엿보기

언제나 마음 먼저 설레며
하얀 봉투 개봉하며
즐거움 한아름으로 마주하기

분단의 설움

육이오 동란의
참담한 동족상잔으로
역사 속에 현존했던 거제 포로수용소
사상과 이념으로 무장했던
그 참혹하고도 아찔했던 해방구의
남과 북
힘의 논리로 무장한 그 안에서
자유와 인류의 가치관을 말할 수 있었을까
그 잔인하고도 처참한 살상의 현장
어디에서 보상받을 수 있을까
같은 말 같은 풍속의
허리 잘린 두 동강의 백의민족
남과 북이 서로 손 맞잡고
만세로 화답할
그 통일의 날 언제나 올까
무심한 바닷바람만 더욱 황량한데

능소화

선홍색 꽃잎 꽃잎들 줄줄이
먼 세월 함께한 인연이듯
서로 촘촘히 닿아있는 오월 초입

귀를 활짝 열고
살폿한 눈매로
그리운 이를 기다리듯
담장을 훌쩍 넘어
명예 영광 이별의 꽃말 갖고
임 기다리는 애틋한 몸짓으로
수화하듯 봄하늘 우러르네

한가득 넓게 벌린 꽃잎
오늘도 한사랑처럼
양반가의 선비 같은 품위로
오월 하늘을 반짝이누나

그대 오실까

어느덧 하루해가 지나고
어둠속의 가로등 밤을 지키는데
밀물져 오는 그대 그리움에
행여 그대 발자국 들을까
달빛 그늘 아래 먼 길 살피며
마음 졸이네

그대는 언제나 내 마음의 안식처
이리도 애절히 기다리는 마음
혹여 그대 아닐까
서늘한 밤기운 이리도 찬데
새벽 이슥하도록
한 기별처럼 기다리는 애틋한 마음

우울처럼
눈물로 오다

이유 있는 변명

금붕어가 좋은 어항에서
살아갈 수 있는 것은
아예 기억력이 없기 때문이고
다람쥐가 도토리를 땅에 묻어두고도
잊어버리기 때문에 상수리나무가
무수한 숲을 이루듯이
연필은 지우개가 달려
잘못 썼을 때 지우기 위함이려니
잊지 말아야할 보배로운 일들은
언제나 가슴 깊이 꼭 간직하며 살기다

살아오면서 저지른 잘못들
살아가면서 늘 본보기가 되듯이
수많은 우리의 잦은 실수들은
기억 속에서 하루빨리 지워
더욱 뜻있고 보람 있는 삶을 가꾸기다

오늘도 세상에 널브러진 추한 것들과
시간 속의 허물을
하얀 눈은 여기저기 옮겨다니며
차례차례로 지우고 있다

불영사 계곡

부처님 모습 저리도 맑은 물 안에
얼비치는 골 깊은 계곡

세속의 찌든 육신 내려놓고
아무런 가식과 허식 없이
마음 비운 삶
물 맑은 지류에 띄워놓고
오늘의 세월을 본다

굴곡진 세상사 멀리 하며
굽이굽이 흘러가는 물의 순리처럼
이 세상의 억울함도 노염도 다 잊고
이해와 용서로 함께 하는 세상처럼

굽이쳐 흐르는 물들의 눈 안에
부처님의 자상한 미소가 함께 깃들고 있는
불영사 계곡

제 4 부

고향을 지나며

소망우체국

하얀 백지 같은 마음 안으로
깨알 같은 맑은 소망을 띄워 보내면
낯선 곳 낯선 땅에서
내 이름 하나 기억해 줄까

세상 사는 이야기와
더러는 수많은 날들의 비망록들
오늘을 출렁이는 바다로 띄우면

파도의 전송을 받으며
쉼없이 포말을 일으키는 피안을 지나
높은 하늘 구름떼가 노니는
동해바다의 창공을 떠날지니

물결의 파도와 더불어
상큼한 소원 하나 빌어보는
간절한 희망의 그곳

갯바위

산더미 같은 세찬 파도가
종일 육신을 할퀴며 난도질해도
새카만 맨몸으로
물보라의 하얀 피로 보답하며
영겁의 세월을 감내한
저 의연한 모습

종일 멍이 든 육신을 드러내놓고
온몸 으깨어지도록
고통을 감내하며
파도의 방패막이가 되어
저항 한번 못하고
억겁을 침묵한
저 서늘한 피멍이 든 온몸

오늘도 오체투지로
무참한 바다의 이름으로
유린되다

고향을 지나며

늘 마음 안에 간직한 노스탤지어는
언제나 수구초심으로
한결같은 그리움으로 쌓여
꿈속에서도 더욱 그리워지는
내 고향 함안은
예부터 맑고 온화함 주는
넉넉한 도량의 양반고장
앞산 뒷동산 뛰놀던
소싯적 정겨운 모습 더욱 흐뭇해

언제나 그곳 지날 때면
흘러간 역경들 사무쳐
내 스스로가 더욱 대견스러워
더욱 눈시울 붉어지는 풍경들
숲과 나무들 돌멩이도
예사로운 것 하나 없이
이리도 가슴을 허무는구나
언제나 내 고향 함안을 지날 때면

중심

중심은 모든 것의 기본이요 원칙이다

정평처럼 기울지 않는 하루를 섬기기 위해
우리 인간들은
처절한 삶의 현장 속에서
오롯한 자기를 가꾸며
서로의 균형으로 오늘을 유지한다

줏대가 있고 기본이 서야
비로소 보이는 이 세상

꿈과 이상과
삶의 지표가 되는 중심은
뿌리 깊은 절개로
언제나 소원하는 사람들의 가슴 안에
화인처럼 산다

모든 것의 기본과 원칙은 언제나 중심에서 오듯이

까치집

우리의 텃새 까치집을 본다
높다란 나뭇가지 가장자리에
수많은 삭정이로
얽히고설킨 둥지 동그마니 지어놓고
사철 정성껏 새끼 길러
새살림 내어주고
부부까치 오손도손 사는 그곳
수없이 바람과 구름이 일렁이고
비와 노을이 머무는
친근한 마을 근처 당산나무 위
새삼 까치 울음소리 높아 나가보면
연신 고개 숙여 절하며
아는 체 친근감을 표시하는
우리나라 새 까치들 무리

달빛, 창문을 넘다

밤 이슥해 창문을 열었더니
한꺼번에 쏟아져
온 방안을 점령한 달빛 그늘들
저희들끼리 어울려
창문을 넘나드는
재롱이 한창인데
중천의 휘영청 둥근 달 아래
윈밤을 울어쌓는
풀벌레 소리들
아프게 아프게 귓전을 맴도는데
숨바꼭질하듯 서늘한 바람
무더위를 쫓듯
이 가을은 흰 구름 사이로
숨바꼭질하며 숨는데
아아 이 밤 무더위 쫓듯
정중한 모습으로
천천히 오는 달빛 그늘들
유형 무형의 그림으로
온 방안을 점령하다

당신 생각

비오는 겨울 창가에서 당신을 생각합니다
이 세상에
당신만큼 사랑하고픈 사람 또 있을까
처음 만날 때의
수줍고 어색했던 그때 그 시간
기억의 정수리에서 아직도 머물고 있는데
그냥 마주 바라보아도 생각만 해도
더 이상 행복할 수는 없어
정녕 사랑하는 것만큼
더 큰 행복은 이 세상에 없을 것 같은 지금
눈을 감아도 꿈속에서도
언제나 환영처럼 오는 당신
비오는 겨울 창가에서
이 밤 연민처럼
내 마음을 가져간
처음의 당신을 생각합니다

여름 울보

– 매미

깊은 잠에서 깨어나
혼신의 힘으로 오장육부를 토하듯
숨길조차 힘들게
종일 울어대는
저 심보를 누가 알까

푸른 하늘
땡볕의 칠월을 외면하며
외진 나뭇가지에 숨어
오는 가을을 원망하며
종일 울어대는 속사정을 누가 알까

한세월 한세상
칠년을 유충으로 산 세월
너무나 서러워
핏빛 절규로
목청 놓아 우는
저 심정을 누구나 알기나 할까

뚝배기

어지간히 못생긴 질그릇에 넘쳐나는
구수한 향기
조선의 장맛

금세 달구어지는 양은냄비
훤한 속 들여다뵈는 유리그릇에
투박해 보이는 그 맛
옛 정취와 진미가 풍기는
고향의 맛

사립문 언듯 들어설 때
입속을 가득채운 토종의 그 맛
어머니의 진솔한 손맛 같은

겨울의 길목

소설 대설 지나는 길목에
푸르름 견디지 못한 나뭇잎들
누런 황갈색으로 변하여
휑하니 가지만 앙상하다

한 시절 무성한 녹음의 시절 보내고
더욱 안쓰러운 자기를 어루만지며
귓전을 스치는 칼바람 소리에
잔뜩 움츠려든 육신을 간수하며
가을 준비로 부산한데

온통 세상 열기로
땀방울 가득할 때는
추위가 더욱 그리워졌을
여우같은 심성
이제 다시 올 봄을 기다리는
그의 눈시울이 붉다

가을나무

가을 부슬비
온통 산과 들을 채색하며
푸르름 잊고서 떠나는구나

빨강 노랑 갈잎의 추억 되어
소슬바람따라
궁구는 낙엽들
이제 곧
나목이 될 엄동설한-

아픔 있어야 푸르름 있다는 것을
비로소 터득한 가을나무들
더욱 애처롭고 불쌍하구나

이제 곧 세상 하직할
분주한 채비로
서럽게 서럽게 울고 있는
저- 가을나무들의 비애
지천으로 물든 나날

학연의 고리

삼오회 3월 5일 그날
의기투합하여 모여든
그때 그 시절의 학연들
어언 반세기 돌아
세월 때 묻어온 지기들
용기백배로 하늘을 찌르던
그 호기 하나로
저마다 열심히 살아온 지난날들
오르막길 내리막길의 인생길 경험하며
더러는 남은 세월 서로 격려하며
마주보는 얼굴들
오늘은 그 무거운 짐 다 벗어놓고
온세상 다 얻은 듯
아득했던 지난날들
뒤돌아보며
우리 시절의 이야기들
꽃 피우는 날
삼오회 그날

재실齋室

옛 정취 안온스럽게 간직한
고즈넉한 안가
늦은 단풍들이 시간을 유람하며
하나둘 소멸로 가고 있는 시각

저마다 숭고한 조상의 숨결 간직한
무한의 흔적들과 함께
유생들의 학문소리 귓전에 맴도는데

덩그러니 높은 축대 위
엇비슷한 장대한 기둥들
그 옛날 양반들의 허세처럼 우람한데
옛 영화 아는 듯
몇 백 년 지기의 왕감나무위의
까치들 무리
그 옛날의 흔적 찾아 세월처럼 우짖고 있는
노을 무렵-

* 묘사제 그날

죽음

생의 무게
한아름 짐지고 살아온 한 세상-

언젠가는 한 줌의 재로 변할 주검을 안고
아옹다옹 힘겹게 버티며 살아온 한 생애
한치 앞도 내다보지 못하고
더욱 많이 보듬고 채우며
더 높은 곳을 향하여
눈 부라리며 살아온 비련의 나날들

오욕으로 가득찬 욕심으로
마무리가 어딘지 모르게 허둥대다
허무를 느낄 때쯤 어쩌랴
이미 건너볼 수 없는 강 앞에
서성이는 인간의 처참한 몰골을

재스민 향기

새싹 틔운 파란 잎들
희망처럼 다투어 즐거움을 주더니
어느덧 가지색 영롱한 꽃술들로
온 공간마다 가득하네

겨우내 변덕스런 기온으로
온갖 풍상 다 겪더니
아기자기한 몸매로
그윽한 향기로 보답하며
보이지도 잡히지도 않은
오오래 발효된 아찔한 향기

그 인고의 세월 무던히도 견뎌
오늘 꿈속처럼 오롯이
이 세상의 시공간을 점령하누나

남해 호구산

이른 아침 산행 차에 오르니
시원하게 탁 트인 길들을 사이 하고
저마다 알록달록한 차림의
건강지킴이로 나누는
산행길의 사람들 정붙이로
금세 하나가 되네
세상사는 얘기와 덕담과
오늘의 인연을 얘기하며
가쁜 숨 몰아쉬며 산 꼭짓점에 오르니
천혜의 비경 사이로
눈 아래 아득한 운무들
푸르름 간직한 바다가 언뜻언뜻 보이고
지천을 경쟁하듯 날으는 새들
일찍 온 꽃들과 동무하니
우리 모두 건강지킴이로 오르는
신선한 산행길의 넉넉한 마음
장수하는 마을 부럽지 않네

제 5 부

비오는 간이역

취미

내가 등 돌리지 않는 한
한평생 친구가 되는 것

성격과 인성과 함께 하는
즐거움의 표상

가꾸며 섬기며 가까이 하고 싶은
자신감으로 더욱 사랑하며
한껏 기쁨으로
평생의 반려자 되고
자기 포만감으로
멋으로 재생되는 그것

오늘도 삶의 가치관을 함께 하며
나와 함께 하는
아름다움의 극치미

파도

파도는 먼 데서 달려와
그의 아픔 하얀 피로 앙금을 푼다
피멍든 온몸
신음소리 온바다에 남기고
흔적 없이 사라지는 뒤태

무한의 수평선 넘어 넘어
너울로 무리져 밀려와
피 토하는 절규로
아우성하며
삿대질하며
사라지는 밀물들

그 무한의 횡포로
이유 없이 두들겨 맞은 갯바위들의
우울한 하루를
하염없이 바라보며
오늘도 수억 겁을 지킨 바다 안에서
용해되는 무한의 저 슬픈 응어리들

목 떨어진 동백꽃

멀리서 보면
절정을 이룬 화사한 군락지의 동백들
가까이 다가가 보면
하나같이 꽃술을 겨우 부여잡고
목이 대롱대롱 안쓰럽다

겨울 찬바람에도
목부터 뎅강 떨어지는 애처로움
아름다운 한순간 추한 얼굴로
임종을 맞이하는 처참한 몰골
전생에 무슨 죄 지었을까
잎새들은 매무새 곱게
사철 푸르름을 장식하는데

그리도 흉한 지금의 모습 보며
자연의 이치와 섭리도
하늘의 순리임을 비로소 알고
무리 지은 꽃술로
한 겨울을 나부끼는 아양
오늘 하늘을 무찌르다

가을비

왼종일 추적추적 내리는 비
떨어진 낙엽들 위로
무거운 모습 쓸쓸히 보이며
정처 없이 세상을 헤매이는 비
여름날 시원한 그늘 만들 때는 언제인데
가을 나무들 오늘 왼종일 비에 젖네

세상 모두 쓸쓸히 보이는 오늘
누군가 가르침을 주고 떠난 교훈처럼
매미들 한여름 신나게 놀던 터전
이 가을 모든 서러운 것들은
이별로 마무리하는구나

오는 봄을 기다리며
다시 새잎 만들기에 분주한 낙엽들의 가지
왼종일 자양분으로
지표에 한정 없이 스며드는 비
비 비 비 비 비 비

주왕산

청송의 가을은 더욱 푸르러
능선마다 타들어가는 단풍들 사이로
병풍을 두른 듯한 바위들의 빼어난 경관들
오늘도 나그네들의 입담이 되는데

당나라의 전쟁에서 패한
주왕이 재기를 위해 숨어든 요새지
청아한 여울물 소리 곁으로
그 옛날 신라에 의해 토벌된 주왕굴
천혜의 은신처

청송 심씨의 옛 터전
지금도 그 흔적 발자취 골마다 스미는데
맛자랑으로 일미가 된
주왕산 탐스런 사과의 청량감
그 옛날의 역사 잊은 듯
가지마다 주렁주렁
나그네의 손길만 기다리고 있네

비오는 간이역

이슬비 내리는 한가로운 간이역

기적소리를 기다리는
우울한 플랫폼
슬픈 곡조로 울어대는
안내방송과 유행가 가락은
메아리로 철길을 건너는데
우산 속의 한 여인
연신 시그널 바라보며
가을처럼 수심에 잠기는데
어디선가
이별처럼 달려온 철마는
내일 다시 오겠다며 이내 떠나고
남은 몇 사람의 마음들이 가을처럼 아픈

이슬비 내리는 한가로운 간이역

바위섬의 등대

저 홀로 바다에 떠서
일렁이는 파도와
사나운 바람무리와 함께
마음 안으로 달래보는 비애 한 조각
종일 칭얼대는 물사위에 시달린
시커먼 갯바위들 동무하며
서로가 고통을 감내해야 하는
한정 없는 바닷길
항로를 이탈하는
뱃길을 바로 잡아주는
무서운 불의 안광
오늘도 먼 난파선의 눈과 귀가 되는
바다의 수호신

추모제

– 설암선생

합천의 오지 심산유곡
학문에 뜻을 두고 구름같이 모여든
선비들의 뜻을 기린
오오랜 세월동안
현판에 엄숙하게 새겨진 글귀
수세기를 앞서간
성리학의 잠언들과 강론들
오늘도 연연히 이어받아
후대의 귀감이 되길 소원해 보네

삶의 길잡이가 된 말씀마다
지극한 교훈과 깊은 잠언들
큰뜻 품은 영남의 후학들
새삼 옷깃을 여미고
설암선생의 15주기를 기리며
생전의 고매한 인품을
우러러보는 날

여름산 계곡

해종일 이글대는 햇살속의 싱그런 숲
맑은 계곡 물소리의 하모니
오감을 상쾌하게 하네
졸졸 흐르는 계곡의 물소리 벗삼아
발 담그지 않아도 너무나 시원해
풀벌레들 가까이서
한나절을 보내면
나무들의 숲 뒤에서
하루를 보채는 매미들의 소리
여름산 계곡의 화음은 자연의 오케스트라
햇살무늬 빗금 치는 사이로
제 세상이듯 피라미떼들 신나는데
자연의 극치미에
명상에 잠기는 한나절
자유로 자유로 떠도는 바람들
신나게 여름을 나는 경쾌한 하루

화분을 손질하며

잔뜩 움츠렸던 동면을 지나니
베란다 앞의 화분들
윤기 도는 초록빛 얼굴로
저마다 세상보기를 하네
빼곡히 먼저 머리를 내민
저 앙증스런
연초록 여린 꽃잎들
아침 깨어나 눈길 한번 주면
방긋방긋 얼굴로 인사하는
참한 매무새 하도 고와
손길 한번 다독이면
더욱 무럭무럭 자라
묵언으로 인사하는 기특한 마음
살아있는 신기로 오는
아침의 화분들
인내로 극복한 엄동을
초록으로 깃들다

항로 안내자

– 등대

낮엔 갈매기들의 쉼터로
밤엔 온바다를 지키는
용맹한 의무감으로
화등만한 눈으로
한 바다의 지킴이로 있는 한 세월

목숨을 구걸하는 선원들이나
피항하는 배들을 위해
한 바다를 거울 보듯
24시를 지키는
저 열렬한 불침번

소사나무

겨우내내 시린 몸
발가벗고 있더니만
봄기운 저 먼저 알고서
가지마다 움트는 새싹들

여린 새순이 너무 고와
가만 가만히 들여다보니
바람소리 안으로
저으기 낮은 소리로 깃드는
소곤대는 소리
말없이 숨죽인 인고의 세월
긴- 한숨소리로 물리치며
푸르름으로 촉수를 틔우는
저 품새 알고 보니

새들이 구름 위에 집을 짓듯
초록의 잎맥들
엄동설한 맨몸으로 지샌
세상 원리 벌써 알고 있었네

노을의 바다

노을이 점령하는 온바다
에메랄드빛 푸른 역광 아래
수평선의 아득한 범선 하나
풍경이 되는 오후

모든 삶의 무게를 내려놓은
적요의 바다에
꽃노을 무리
아쉬움 가득 짐지고
서둘러 내일로 가는 일몰 무렵
초록 깃발을 든 숨소리 깊은 파도들
맹렬한 몸부림으로 오다

버스정류소

오늘도 버스는 늦잠을 일으킨 야수의
팽팽한 긴장감으로 어디론가 떠나고 있다

이 방향 저 방향으로
무수한 눈동자를 굴리며
쉼없이 오고가는 버스들의 행렬
잠시 한적해 보이는 순간에도
혼잡한 신호등으로
혹은 각기 다른 사람들로 만원인
그래서 더욱 복잡한
이 시대의 이단자

쉼없이 시간들로 하루를 나뉘며
우리의 인생길처럼
어디론가 떠나고 닿는
면밀한 시간들

언젠가는 떠나가는 삶이
수없는 목적을 거느리고 다시 오듯이

수평선

멀리서 보면
바다 끝자락 아득한 그곳
넘실대는 시퍼런 물사위들 사이로
포말을 동무하며
유람선들 몇 어울려 있는
바다 끝자락

가끔 바닷새들 계절을 입질하는 그곳
바람결에 뜬구름 몇 조각
먼 등대로 멀어지고 있는 망망대해
하늘을 풍경으로 오수에 드는 한나절

구름이 가는지 배가 가는지
저 수평선 너머 너머가
너무도 궁금해
새들의 방향따라
휘파람 한 소절 실어 보내는 한나절

봄의 향기

엊저녁부터 밤새 내린 비로
봉긋한 젖가슴 내밀듯
하얀 목련꽃
벌 나비의 마중으로
아양이 한창이다

마파람 타고 둔덕의 실개천따라
연초록 허리 낭창한 수양버들
몸단장 더욱 어여쁜데

산사의 그윽한 풍경소리 곁으로
여울물소리 벗삼아
애틋한 짝을 찾느라 분주한
노고지리 울음소리로
더욱 분주한 이른 봄

| 작품 해설 |

– 조용범 시인의 시세계를 살피며

서정적 발아로 환원되는 자연미의 조화

시인 崔 東 川

조용범 시인의 시세계를 살피며

서정적 발아로 환원되는 자연미의 조화

시인 崔 東 川

시는 정서의 순화와 사물의 깊이를 내밀히 관조하는 은유와 상징성의 자기 성찰과 자아를 표식하는 다양한 높이와 깊이가 목적한 의미를 발효되는 데 있다고 보아진다.

이런 의미에서 본다면 조용범 시인의 두 번째 시집에서 그는 현대사회의 표준을 인문학의 성리학에 근본을 둔 유가적인 면모로 사물을 투시하며, 애향적 향토적 서정성의 근간에 뿌리를 둔 자연미의 시들을 다수 선보이고 있다. 다시 말하자면 더불어 함께 공존하는 사회를 지향하는 시들을 전제하는 데 그의 역량이 모아지고 있다는 뜻이다. 이제 그의 시들을 일별해 보며 감상해 보자.

하루를 마감한 지친 하오
낯선 곳 낯선 시각을 두루 살피며
온전한 하루를 위하여

간곡한 삶을 구원한 자들이
시간을 역류하며 어설프게 자기를 이끌며
앞만 바라보고 가는 잉여시간
감출 수 없는 자기의 흔적을 고스란히 남기며
허전한 하루의 변명을 짐지고 간다

마치 뒷짐을 지어보면
등 뒤가 궁금하듯이
앞서는 것만 보이는 지금
긍휼이 그 해답을 얻고자 뒤돌아보면
긴 그림자로 환생되는 고단한 하루가 뒤따를 뿐
긴장과 압박으로 보낸 하루가 너무 서럽다
앞뒤를 동시에 볼 수 없다는 것은
얼마나 큰 행복인가

———「우리의 뒷모습」 전문

우리의 사람들은 앞과 뒤를 동시에 보지 못한다. 즉 동적動的 의미에서는 자기를 마음대로 운용할 수 있겠지만 모든 움직이는 삶의 개체가 그러하듯이 결코 동시에 앞과 뒤를 한꺼번에 보며 행동할 수는 없는 것이다.

결코 물리적인 힘으로는 가능하겠지만 말이다. 그래서 우리 사람들은 하나의 의문의 귀를 갖는다. 오늘의 행위와 나를 움직이는 소모적인 육체의 뒷면이 자못 궁금해지는 것이다.

우리가 만약 앞과 뒤를 동시에 본다면 일대 혼란이 야기될 것임은 분명하다. 현재를 직시할 수 없음은 물론 이중적인 자기를 동시에 봄으로써 선택의 자유는 물론 그만큼 집중할 수 있는 논리적 한계도 줄어들 것이기 때문이다. 앞만을 직시해야 뒤를 돌아볼 수 있는 여유와 생각을 지니고 반성이 있고 휴식이 있어 내일을 준비하는 근원이 될 수 있음은 자명한 일이 아닌가. 그래서 우리 사람들은 정적靜的인 의미에서 변별력과 사고력 혹은 직관력으로 되돌아볼 수밖에 없는 것이다. 전반부와 후반부로 나뉘는 이 시는 후반부를 유의해 볼 필요가 있다. 시의 내용적 의미와 수사미가 일목요연하게 전반부를 아우르고 있기 때문이다. 종국에는 하루와 일상의 더듬이를 운용하여 앞과 뒤를 동시에 본다면 얼마나 불편하겠느냐며 자위적으로 위로하고 있다.

이 시는 의미적 요소가 지배하고 있지만 회화적 중심의 시로 풍유법을 도입하여 현재의 우리의 살아가는 삶과 지향하는 목표적 근원을 내밀히 암시하는 수사가 압권이다. 동기motive적 순환을 상징시symbolic poem의 의미를 대단원으로 마무리 짓고 있는 특징성을 지닌다. 그렇다. 우리가 앞뒤를 동시에 볼 수 없다는 것이 얼마나 큰 행복인가.

우리의 삶은 늘 중심 잡기에서
모범답안을 가진다

좌우의 균형과
왼손과 오른손의 역할
그리고 너와 나의 소모적인 논쟁도
위아래의 질서도
언제나 균형에서 마무리된다

오감이 가지는 편안함으로
오늘을 이룩하는 내 안의 평형

하루를 온전히 갈무리하는 것이
건강지킴이의 으뜸인 것을

하루의 균형은
우선 나를 비우는 습관으로부터 온다

———「균형 잡기」 전문

어떤 뜻을 지니고 미래지향적인 삶을 살든 우리 인간은 결코 현재를 무시할 수 없다. 오늘의 현재가 중심이 추구하는 목표와 이상의 가치관도 함께 지니는 것이다. 이 시는 우리가 뼈저리게 아는 현실을 암묵적으로 무시하거나 실기할 때 엄청난 파장으로 파생되는 여러 요소와 현안을 대비시킨 교훈적인 주지시이다. 논리적 근거를 바탕으로 우리의 삶을 쉬운 시어로 전체적인 시의 맥락을 살린 이 시는, 어쩌면 보편적인 생활시로 보이지만 인간이 살아가는 하나의 표준을 예시한 시로 승화시키고 있다.

우리는 어떠한 경우나 순간이든 자신의 중심잡기와 균형에서 자기가 갖고 있는 모든 직간접적인 현안들을 운용할 수 있으며 그로 인해 파생되는 무수한 역량과 결과를 책임지게 되는 것이다. 어쩌면 우리 인간은 자기를 과시하거나 소홀히 하는 것도, 일면 폄하하는 것도 삶의 근본에 배치되는 것이다.

1연 〈우리의 삶은 늘 중심 잡기에서/ 모범답안을 가진다〉와 끝연 〈하루의 균형은/ 우선 나를 비우는 습관으로부터 온다〉는 궁극적인 예시와 모범답안을, 첫구와 결구에서 명징지음으로써 바른 순서를 뒤바꾸어 변화를 주는 도치법 형식으로 전환시키고 있다. 그렇다. 균형과 중심은 절대적인 상관관계이며 우리가 생을 다할 때까지 지고한 영향을 미치는 하나 순환의 원리일 것이다.

두 갈래 길은 언제 만날까
영원히 옆으로 나란히로 가는 수줍음
그렇게만 서로 손 내밀고
신나게 달려온 한세상

나란히 가는 길이 더욱 정겨워
하나가 되기 위한 몸부림으로
오늘도 마주 보며 달리는구나

그리워하는 만큼
처절히 바퀴를 돌리며
앞서거니 뒤서거니
오매불망 서로의 이름을 불러보며
살아온 긴 역사
아스라한 지평선너머
누군가 만날 오래된 기약같이

하나의 일치로 가는
저 아슬아슬한 몸부림

———「철길」 전문

우선 이 시는 표제어를 형상화시키는 기법이 감각적인 시어 구사로 선명한 이미지image를 구축하고 있다. 철길이 주는 환상적인 분위기를 전혀 군더더기 없이 소화한 이 시는, '철길'

과 같이 영원히 일치로 합치할 수 없는 평행선을 싯적 의미의 하나의 요소가 되는 동일성 → 동질성 → 연결성 → 소통으로 이어지는 일련의 변환이, 우리에게 신선한 메시지를 줌으로써 마음적 환상을 이끌어내는 시너지 효과synergy도 함께 하고 있다.

철길이 주는 차가운 의미론을 서로 상극이 아닌 함께 하는 태생적 운명론을 대비시키면서도, 나란히로 가는 인내와 참을성의 궤도를 설정하면서 하나의 공시성共時性 없이 존재론적 의미만으로써 이 시를 장식한 것은, 이 지구의 수명을 간접 증언함으로써 영원히 하나의 일치가 될 수 없는 사안을 거론하면서, 무한의 과정과 역경과 시간을 결구에서 〈하나의 일치로 가는/ 저 아슬아슬한 몸부림〉으로 대단원을 설정한 것은 시의 적절한 빼어난 시구로 보인다.

꽈-앙하는 굉음 지천을 흔들 때
비로소 종은 아프다
멀리 멀리 간
그의 흔적들과 속셈
귀 열고 담고

깊이 있는 그의 무게
전율처럼 은은히 닿는 시간들
수없이 헤아려보며
삶의 질곡과
어리석던 나의 생각들
크나큰 아픔인 것을
이제야 알겠다

산비탈에 머문 노을 보며
먼 산짐승들 울음소리 곁으로
천년을 지킨 근엄한 부석사
적멸이 예 있더라

———「종소리」 전문

소리의 파장은 크게 울려야만 멀리 가는 비례의 원칙을 갖고 있다. 시인은 적요한 산사에서 범종의 소리를 들으며 하나의 마음속에 깊이 내재되어 있는 의문을 직시하며 어떤 깨달음의 세계를 인지하는 계기로 삼고 있다.

하물며 우리 불교문화의 적통인 부석사에서랴, 하나의 과장법 없이 평이하고 소박한 이 시가 주는 내용적 의미는 자연미가 주는 안정미에 있다. 맑고 단아한 청각적인 이미지와 의미적 요소로 환원되는 이 시는 종소리의 음악적 리듬과 파장과 전율처럼 와 닿는 메아리의 복합적인 요소로 세상을 돌아보는 작은 여유를 가지는 생성의 의미에 초점을 맞추고 있다.

그 시간들 속에 삶의 갖은 질곡들을 되돌아보며 시인이 가지는 내면에 존재해 있던 모든 불합리한 요소도 이해 용해시키는 작용을 함으로써 현재의 자기의 위치를 찾는 기회도 가지는 이 시는, 산사山寺란 배경을 도입함으로써 관조적 의미를 떠나 마음을 비우는 경지를 가짐으로써 숙연한 깨달음에 드는 과정을 암묵적으로 거론하고 있다. 결구의 〈적멸이 예 있더라〉는 죽고사는 삶의 경계를 말함이다.

무심코 가다 보면 두 갈래로 나뉘는 길
다시 세 갈래에서

문득 하나로 다가서는 길

정작 내 살아온 인생길 같은
그 길에서 나는 오늘도 무료히 서성인다
가는 길이 힘들게 느껴질 때
잘못 선택했나 하는 아쉬움의 길을
되새겨보며

지금 얼마나 달려왔을까
오늘도 한숨지기로 되돌아보는 길
다시는 되돌아갈 수 없는 인생길

언제나 인내하며 고심으로 선택한 길
오늘도 종착지로 무연히 가고 있는 길
뜻이 있는 곳에 길이 있다고 했던가

———「인생의 길」 전문

표제어에서 보듯 광활한 주제를 시인은 소재를 잘 선택하고 이를 제련 연마 가공하는 시어 선택과 전체를 아우르는 공감각적synesthesia인 기법으로 이 시를 무리없이 여과 순화시키고 있다.

우리 인간의 한평생은 예측 불허의 한세상이요 종착은 더구나 예단 불허이다. 궁극적으로 주어진 삶을 잘 운용하는 것은 자신이 처한 환경과 조건, 그리고 여건에서 만나는 순간의 기회 즉, 길道일 것임은 말할 필요도 없는 것이다. 가끔 다가서는 그 기회의 순간이 그 사람의 현재와 미래의 예시인 것이다. 이 시는 전형적인 주지적 교훈시이다. 4연의 이 시는 각 연이

확연히 대별되게끔 명료히 구분되어 있는 것이 독창성과 진실성reality을 가진다. 1연에서 〈무심코 가다 보면 두 갈래로 나뉘는 길/ 다시 세 갈래에서/ 문득 하나로 다가서는 길〉에서는 어쩌면 시행착오로 방황하고 있는 길을, 3연 〈지금 얼마나 달려왔을까/ 오늘도 한숨지기로 되돌아보는 길/ 다시는 되돌아갈 수 없는 인생길〉에서 인생의 나이와 세월을 함묵하며 다시 한번 선택지어지는 인생길을 명료히 하라고 각성시키고 있는 것이다.

누구나 마음적으로 갖고 있는 내용적 의미를 전혀 과장법 없이 소화한 소박한 시어로 진솔한 현재를 담았다는 의미에서 단연 압권이다. 그러나 때에 따라 어쩌지 못할 경우 실패하고 때로는 실기하더라도 포기하지 않고 끊임없이 지향하고 도전하는 자만이 가지는 무한한 유토피아utopia를 이 시는 예시하고 있다. 그렇다. 인생 최대의 승자는 꾸준히 자기 노력으로 흔들리지 않는 각고의 인내로 주어진 여건과 환경을 극복하며 목표 지향적으로 살아가는 사람일 것이다.

햇볕은 적당한 그림자를 내려놓고
갈길 먼 나그네처럼 어서 떠나라 하네

창공에 걸린 몇 점 구름도
산굽이 돌아간 파란 하늘 지켜보며
시간의 여백 사이로
어서 떠나라 하네

가는 님 못내 아쉬워
살며시 손 내밀어 보지만

이미 허공에 닿는 머나먼 그대 소식

허전한 마음속 달래주는
마파람 머무는 한 뼘의 양지 곁
그대 숨결 머무는 곳까지
기어코 어서 떠나라 하네

———「가고픈 마음」 전문

이 시의 심상image은 어쩌면 전형적인 애정시로 보이지만 전혀 그렇지 않다. 인생의 목표를 전제한 시인의 삶을 주지하며 하나의 갈 길을 예시하며 더욱 분발하여 본래의 이상적 삶을 추구하라는 메시지가 근간을 이루고 있다. 현재의 시각적 의미를 의미적 요소로 끊임없이 조화시키며, 전연 중 1, 2, 4연의 결구인 '어서 떠나라 하네'의 동어 반복어를 주목할 필요가 있겠다. 3연의 〈가는 님 못내 아쉬워〉는 실체적인 애정을 가미한 시행이 아니라, 세월을 직시함이다. 세월이 자꾸만 가는데 왜 한시적으로 머물고 있느냐는 뜻으로 시인이 잡을 수 있는 삶의 이상형을 3연에서 〈이미 허공에 닿는 머나먼 그대 소식〉으로 표출하고 있다.

조금만 더 늦으면 이미 허공 속에 사라질 목표지향적인 그 삶과 희망을 위해서 자꾸만 한 곳에 머물지 말고 '어서 떠나라'고 애써 강조하고 있는 것이다. 사실 조용범 시인은 함안 출신으로 유가풍의 선비이다. 늘 어떤 일이나 자중 자애하는 습관으로 심미안으로 오는 머나먼 세계도 다시 한번 생각하고 행동하는 올곧은 자세를 지향하는 분이다.

이 시에서는 시인의 내면에 유지되고 있는 어떤 자긍심을 일깨워 행동으로 가라는 자기 암시성을 계속 반복하고 있다. 이 시는 참으로 빼어난 시로 전연체가 주는 희망적 메시지의 상승효과는 자못 눈부시다. '어서 떠나라 하네' 의 동어반복어 형식을 세 번이나 강조법 형식으로 운용한 것과, 2연의 〈창공에 걸린 몇 점 구름도/ 산굽이 돌아간 파란 하늘 지켜보며/ 시간의 여백 사이로/ 어서 떠나라 하네〉, 3연의 〈가는 님 못내 아쉬워/ 살며시 손 내밀어 보지만/ 이미 허공에 닿는 머나먼 그대 소식〉는 본질적인 의미를 시의적절한 메타포metaphor로 수사함으로써 이 시를 더욱 돋보이게 하고 있다.

말하고 싶을 때가 있다
사랑해–
미안해–
고마워–
그런 말 차마 하지 못하고 지날 때
시간이 가고 세월이 가면
아쉬움만 쌓이게 되고
기회를 놓치면
후회로 오는 못다한 말
그때 했어야 할 걸 하며 아쉬워해도
결코 과거는 되돌릴 수 없는 것
언제나 지금이 가장 중요하다는 걸
인식할 일이다
기회를 실기하면
한평생 후회로 오는
그때 그 시각 했어야 할 그 말

———「후회는 먼저 오지 않는다」 전문

이 시는 아직도 현재 진행형이기 때문에 비연시로 상승효과를 높이는 점층법 형식을 시도하고 있다. 그렇다. 우리가 어떤 일을 계획하고 입안하고도 때와 시기를 논하다가 이미 기회를 실기했을 경우 얼마나 많은 실망과 좌절감이 오겠는가, 그리고 자기 모멸감으로 자신감을 잃고 자기 비하의 원인 제공을 가지는 것이다. 그것이 애정관계든 생활이든 살아가는 인식의 깊이이든 마찬가지인 것이다.

이는 살면서 살아가면서 누구나 어쩌면 한번은 공감했으리라, 직유법의 이 시가 가지는 의미는 원인제공이 있은 이후에 오는 결과론을 '후회는 먼저 오지 않는다' 라고 애소하고 있는 것이다. 후회로 올 때의 자괴감과 실망감의 표출은 상상을 초월해 앙금으로 남아 괴로워하기 마련이다. 심지어는 인생 자체가 피폐해지는 원인 제공까지 하는 것이다.

그렇다. 우리는 현재의 시간과 대인관계 인식의 깊이, 그리고 인연과 관계 사이에 놓인 말의 언어言語가 그만큼 중요하다고 변환variation을 시도하는 시인의 시어들에 주목할 필요가 있겠다. 이 시는 동일성coidentity의 주체로 주제를 성공시키는 시로 평가할 만하다.

말 못할 사정을 옮겨 놓고
둘이 하나가 되는 감성

인생의 뒤안길에서
너와 나의 간극 사이를
수평으로 이해시키는 것

온전한 마음 띄워놓고

네 안에 간직한 물음 하나 엿보기

언제나 마음 먼저 설레며
하얀 봉투 개봉하며
즐거움 한아름으로 마주하기

———「편지」 전문

불과 10행이 주는 이 시는 감정과 감성 심성이 교차하는 편지글을 내용적 수사와 묘사를 정연히 놓음으로써 구성의 효과에 일미를 더하고 있는 가편이다. 은유metaphor적 수사로 전연을 이끈 솜씨와 매연마다 가지는 특징성, 그리고 소통의 의미를 더한 시어들이 자못 눈부시다. 휴머니즘humanism에서 진작되는 여러 사안들을 편지란 특수한 내용미에 접목시킴으로써 이 시는 더욱 성공하고 있다.

어쩌면 1, 2연과 3, 4연이 각기 가지는 의미는 조금은 내용상 상극성을 가지는 독창성을 함유하고 있다. 곧 1, 2연은 서로의 말 못할 표식을 하나가 되는 감성을 위하여 온전하게 이해와 유불리를 극복하며 하나가 되는 융화를, 그리고 3, 4연에서는 아직도 비밀하고 내밀한 좀체 엿볼 수 없는 마음을 불식시키며 이제 서로 하나가 되는 너와 나의 일치를 가늠하는 시어로 재탄생시키는 솜씨가 가히 일품이다.

중심은 모든 것의 기본이요 원칙이다

정평처럼 기울지 않는 하루를 섬기기 위해
우리 인간들은

처절한 삶의 현장 속에서
오롯한 자기를 가꾸며
서로의 균형으로 오늘을 유지한다

줏대가 있고 기본이 서야
비로소 보이는 이 세상

꿈과 이상과
삶의 지표가 되는 중심은
뿌리 깊은 절개로
언제나 소원하는 사람들의 가슴 안에
화인처럼 산다

모든 것의 기본과 원칙은 언제나 중심에서 오듯이

———「중심」 전문

일반론적으로 우리 사람들이 다 알고 인정하면서도 모르고 사는 것이 '중심'이다. 바빠서, 틈이 없어서, 겨를이 없이 잊는 중심은 사실 우리 삶의 안에 늘 내재되어 있고 일하면서 생활하면서 어쩌면 우리도 모르는 사이 어느 정도 균형을 자연적으로 이룬다. 그러나 어쩌다 우리도 모르는 사이 이 균형이 무너지면 뼈아픈 후회와 운명론적 실기, 그리고 상대에 대한 죄책감 혹은 도덕적 문제로 수습할 수 없는 단계에 이르는 것이다.

표제어가 주는 내용미는 시인이 추구하는 인간 생활의 절대적인 요소의 큰 틀 안에서 지금 용해되고 있다. 2연에서 〈정평처럼 기울지 않는 하루를 섬기기 위해/ 우리 인간들은/ 처절한 삶의 현장 속에서/ 오롯한 자기를 가꾸며/ 서로의 균형으로 오늘을 유지한다〉, 3연 〈줏대가 있고 기본이 서야/ 비로소 보이는 이 세상〉에서 보듯, 성리학에서 주창하는 예와 도를 언급하며 인문학의 근간을 이루는 듯한 이 시는 현대를 사는 우리들이 한번은 숙고해야 할 시같이 느껴진다.

삶이 다 같은 삶이 아니듯 모든 기본과 원칙도 언제나 중심에서 온다고 주창하는 시인의 올곧은 마음의 뿌리는 선비적 양심과 덕목을 지향하는 일면 시인 자신을 가리키는 것이기도 하다. 그리고 4연 〈꿈과 이상과/ 삶의 지표가 되는 중심은/ 뿌리 깊은 절개로/ 언제나 소원하는 사람들의 가슴 안에/ 화인처럼 산다〉는 교훈적 잠언시로 길이 남을 빼어난 절구들로 이루어지고 있다.

내가 등 돌리지 않는 한
한평생 친구가 되는 것

성격과 인성과 함께 하는
즐거움의 표상

가꾸며 섬기며 가까이 하고 싶은
자신감으로 더욱 사랑하며
한껏 기쁨으로
평생의 반려자 되고
자기 포만감으로
멋으로 재생되는 그것

오늘도 삶의 가치관을 함께 하며

나와 함께 하는
아름다움의 극치미

———「취미」 전문

현대생활을 하는 모든 사람들이 어쩌면 공유하며 공감하는 표제어를 비교적 쉬운 시어로 직유법 형태로 이끈 이 시는, 1연에서 〈내가 등 돌리지 않는 한/ 한평생 친구가 되는 것〉으로 의인법으로 회자함으로써 취미를 동격의 의미로 부활 재생시키고 있는 것이 이 시의 모티브motive가 되고 있다.

복잡다단한 이 사회에서 몰입의 경지에까지는 이르지 않더라도 자신을 편안하게 하며 피로를 풀어주며 안식과 활력을 주는 산소 같은 이 '취미'는 동시대를 살아가는 모든 사람들이 다 같이 즐겨 찾고 보람을 함께 가지려는 가치관일 것이다. 차분한 시어로 현장감 있게 묘사한 각 연이 무리나 비약 없이 표제어를 여과 순화하고 있다.

그렇다. 결코 시는 난해한 언어나 모호성의 시어들을 접목시켜 추상시나 해체시나 이른바 실험시들을 도모해야만 곧 현대시인의 반열에 합류할 수 있다는 일부 그릇된 편견을 불식시키는 이 시는 참으로 명료하다.

시는 우선 모든 사람들을 대상으로 어떤 공감과 의미적인 사실을 인지하거나 그 시가 내포한 자연미와 정서 안에서 내재된 소통과 동류의식의 감정이나 감성 심성과 함께 유화되어야만 한다. 다시 말하자면 인위적인 모호성의 창출을 배제한 자연미속에서 정서로 재발효시키는 은유와 상징성의 의미가 중심이 되어야만 독자들의 진솔한 사랑을 받을 수 있을 것이다.

조용범 시인이 상재한 80편의 시에서 보듯 표제어를 무리 없이 여과 순화하는 보편적인 시들이 나름대로 확고한 개연성을 지니는 시들로 거듭나듯 아름답고 맑은 세상의 한 표준이 그 안에서 각기 다른 역할론으로 재생되고 있어 그의 시적 깊이와 통찰력을 높이 평가하고 싶다. 앞으로 더욱 정진하면 큰 시인으로 거듭날 것임은 자명한 일일 것이다.

후회는 먼저 오지 않는다

조용범 시집

인쇄일 | 2015년 3월 4일
발행일 | 2015년 3월 12일
지은이 | 조용범
펴낸이 | 최장락
펴낸곳 | 도서출판 푸름사
주 소 | 부산광역시 부산진구 부전로 35 삼성빌딩 301호(부전2동)
전 화 : (051)805-8002 팩스 : (051)805-8045
전자우편 : doosoncomm@daum.net
출판등록 제329-2009-000010호

값 10,000원

ISBN 978-89-94839-11-0 03810

이 도서의 국립중앙도서관 출판예정도서목록(CIP)은 서지정보유통지원시스템 홈페이지(http://seoji.nl.go.kr)와 국가자료공동목록시스템(http://www.nl.go.kr/kolisnet)에서 이용하실 수 있습니다.(CIP제어번호: CIP2015007103)